Carmen Schöll/ Christoph Schöll

Mit ganzer Seele – und allen Sinnen

Mit Kindern ganzheitlich Psalmen entdeckt
in Familie, Kindergarten, Schule, Gottesdienst und Gemeinde

Band 1

didactus Kempten

ISBN-13: 978-3-9811199-3-0
ISBN-10: 3-9811199-3-2

© 2007 didactus, Kempten
Umschlaggestaltung: Rupert Schöll unter Verwendung von Fotos von Helmut Reuter
Satz: Rupert und Carmen Schöll
Fotos: Rupert Schöll, Carmen und Christoph Schöll, Marion Schöll, Helmut Reuter, sowie weitere aus: pixelio.de
Abdruck, auch auszugsweise, nur mit Genehmigung des Verlags.

Vorwort

Psalmen mit Kindern ent-decken!?

Ja, - Psalmen sind ein wertvoller, immer wieder aufs Neue zu entdeckender Schatz aus der Bibel, weil alle menschlichen Grund- und Lebenserfahrungen hier zu finden sind:
Freude, Begeisterung, Lob und Dank – aber auch Angst, Ärger und Kummer – eben alles, was den Menschen bewegt und ausmacht.

Der vorliegende Band 1 der Reihe „Mit ganzer Seele – und allen Sinnen" möchte Eltern mit Kindern im Vor- und Grundschulalter, ErzieherInnen, LehrerInnen sowie haupt- und ehrenamtlich Tätige in Kindergarten, Schule und Gemeinde viele Ideen präsentieren, wie Psalmen ganzheitlich gestaltet und erlebt werden können.

Sie finden in den beiden Büchern:

- Psalmen mit Bewegung
- Lieder und Liedrufe zu den Psalmen
- Morgenandachten und Elemente für religiöse Feiern
- Gebete
- Rätsel
- Stationenspiel

Die Angebote greifen unterschiedlichste Themen auf. Die Auswahl orientiert sich an derjenigen des evangelischen Kirchengesangbuchs.

Da ist für jede Situation und jeden Anlass etwas dabei, so dass stets aus einer Vielzahl von Gestaltungsmöglichkeiten gewählt werden kann:

- Liegt ein schöner Tag vor oder hinter uns, so helfen Anregungen zu Lob und Dank
- Geht es darum, einen Gottesdienst mit kindgerechten Elementen zu gestalten, so findet sich hier zu vieles in Gottesdienst und Gemeinde erprobt.
- Von Angst, Vertrauen, Schuld und Vergebung sind Erfahrungen zu machen und gibt es mögliche Verarbeitungsformen im vorliegenden Buch
- Der Tagesbeginn kann ebenso wie der Tagesabschluss mit kindgerechten Elementen gestaltet werden und auch hierzu finden Sie viele Gestaltungsvorschläge.

Wir wünschen Ihnen und den Kindern viele tiefgehende Erfahrungen und einen Zugang zu den Psalmen, der ihr persönliches Glaubensleben bereichert.

Carmen und Christoph Schöll

Inhalt ...

Vorwort

... weil es so viel Grund gibt Danke zu sagen

Psalm 136	Weil Gott ein Herz für uns Menschen und die ganze Welt hat	S. 12
Psalm 150	Pauken und Trompeten sollen klingen	S. 16
Psalm 103	Vergiss nicht, was Gott dir Gutes getan hat	S. 18
Psalm 30	Denn du hast mich aus der Tiefe gezogen	S. 20

... weil wir gerne mit Dir und in Deinem Namen feiern

Psalm 43	Sende dein Licht und deine Wahrheit	S. 24
Psalm 22 II	Dich will ich preisen in der Gemeinde	S. 25
Psalm 27	Der Herr ist meines Lebens Kraft	S. 29
Psalm 84	Wohl den Menschen, die dich für ihre Stärke halten	S. 32
Psalm 100	Danket dem Herrn und lobt seinen Namen	S. 34

... weil Du unser großartiger Schöpfer bist

Psalm 8	Dein Name ist so herrlich, überall in allen Landen	S. 38
Psalm 136	Denn seine Güte währet ewiglich	S. 40
Psalm 104	Der Herr freue sich seiner Werke	S. 42

... weil wir Deine Geschöpfe sind

Psalm 90	Du warst da noch ehe die Welt geschaffen wurde	S. 46
Psalm 148	Gottes Lob im Himmel und auf Erden	S. 48
Psalm 139	Ich sitze oder stehe	S. 50

... Fortsetzung Inhalt

... weil Du immer vergibst

Psalm 32	Ich bin nicht alleine	S. 52
Psalm 6	Du, Herr, hörst mein Weinen, Du nimmst mein Gebet an	S. 54
Psalm 38	Gib mir Ohren, Mund und Augen	S. 55
Psalm 51	Herr, schaffe in mir ein reines Herz	S. 58
Psalm 102	Herr, höre mein Gebet	S. 60

... weil Du bei uns bist, auch wenn wir uns alleine fühlen

Psalm 126	Die mit Tränen säen werden mit Freuden ernten	S. 64
Psalm 22 I	Mein Gott, mein Gott, warum hast du mich verlassen	S. 66
Psalm 13	Wie lange verbirgst du dein Antlitz vor mir	S. 68

... weil wir auf Dich vertrauen können

Psalm 121	Der Herr behütet dich	S. 72
Psalm 31	In Gottes Händen geborgen	S. 74
Psalm 18	Meine Stärke, mein Fels, meine Burg	S. 76

Weil Gott ein Herz für uns Menschen und die ganze Welt hat (Psalm 136)

Psalm 136 Vers 1-9 mit Bewegungen

Kehrvers:
Weil ER
immer
und immer und immer
ein Herz für uns
Menschen und die
ganze Welt hat.

Weil ER

immer
(Arme drehen)

und

immer
(auf höherer Ebene weiter drehen)

ein Herz
(mit Händen ein Herz zeigen)

und

immer
(über dem Kopf weiter drehen)

für uns Menschen
(einen Menschen in die Luft zeichnen)

und die ganze Welt hat
(Weltkugel in die Luft zeichnen)

Dank-Strophen:

Danket dem Herrn; denn er ist freundlich
     ... weil ER immer und immer und immer...

Danket dem Gott aller Götter,
     ... weil ER immer und immer und immer...

Danket dem Herrn aller Herren
     ... weil ER immer und immer und immer...

Der allein große Wunder tut
     ... weil ER immer und immer und immer....

Psalm 136

Der die Erde über den Wassern ausgebreitet hat
     ... weil ER immer und immer und immer...

Der große Lichter gemacht hat
     ... weil ER immer und immer und immer...

die Sonne, den Tag zu regieren
     .... weil ER immer und immer und immer...

den Mond und die Sterne, die Nacht zu regieren
     ... weil ER immer und immer und immer...

Danket dem Herrn, denn er ist freundlich,
     ... weil ER immer und immer und immer... ...

Zum Nachdenken über Psalm 136

**Ja, Gott hat immer und immer und immer
ein Herz für uns Menschen und die ganze Welt!**

Du kannst in dieses Herz alles malen (oder Fotografien einkleben),
was dir heute begegnet und dich an diesen Psalm erinnert.

Gebet zum Psalm

Guter Gott,
ich staune jeden Tag
von Neuem:
Du hast die Sonne gemacht,
die mich wärmt,
Du hast den Mond gemacht,
der mir auch bei Nacht
Licht gibt.
Du hast so
wunderschöne Pflanzen geschaffen
und vielen, vielen Tieren
Platz auf dieser Welt gegeben.

Guter Gott,
du hast auch mich gewollt
und ich genieße es zu leben
in dieser bunten, schönen Welt.

AMEN.

Psalm 136

Pauken und Trompeten sollen klingen (Psalm 150)

Lied zum Psalm

Sicher geht es dir auch manchmal so:
Du würdest deine Freude am liebsten in die ganze Welt hinausposaunen –
  Jeder soll hören, wie gut es dir geht,
  jeder soll spüren, wie du dich freust.

  Da spricht nichts dagegen!

Vielleicht kannst du es sogar mit dem folgenden Psalm tun:

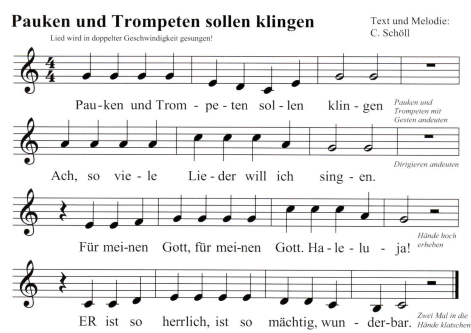

Singt immer 1 x den abgedruckten Refrain – so, wie wir ihn aus der Bibel kennen.
Danach darf immer ein Kind seine Freude im Gebet zum Ausdruck bringen:

       Ich lobe Gott für... ...   oder: Lobt Gott, denn... ...

Danach singt ihr wieder den Refrain
(Übrigens mit anderen gemeinsam macht das sicher noch mehr Freude!!!)

Der Psalm als Lied im Kinder- oder Familiengottesdienst

*Die Kinder singen den Kehrvers wie auf der vorigen Seite abgedruckt.
Den teilnehmenden Kindern werden dazu Instrumente ausgeteilt:*

*Posaune, Psalter oder Harfe, Pauke(Trommel),
Saite (Gitarre), Pfeifen (Flöten), Zimbeln*

Die Erwachsenen beten die Psalmverse dazwischen:

*Den Kindern wird der Psalm ausgeteilt.
Sie spielen an der entsprechenden Stelle einen Ton auf ihrem Instrument.*

Psalm 150

Erwachsene:

Halleluja! Lobet Gott in seinem Heiligtum,
    lobet ihn in der Feste seiner Macht.

Lobet ihn für seine Taten,
    lobet ihn in seiner großen Herrlichkeit!

Lobet ihn mit Posaune,
    lobet ihn mit Psalter und Harfen

Lobet ihn mit Pauken und Reigen
    Lobet ihn mit Saiten und Pfeifen

Lobet ihn mit Zimbeln,
    lobet ihn mit klingenden Zimbeln.

Alle:

Alles was Odem/ Atem hat, lobe den Herrn! Halleluja
.

Vergiss nicht, was Gott dir Gutes getan hat! (Psalm 103)

Bewusst wahrnehmen, was Gott dir Gutes tut

Besorge dir doch einmal eine Pinnwand oder mache eine vorhandene Pinnwand für eine Woche leer.

Schreibe jeden Tag auf ein Zettelchen, was dir Gott heute Gutes getan hat..

Gott danken für all das Wahrgenommene

Du kannst dann am Ende der Woche einen eigenen Psalm beten.

Nimm dazu immer ein Zettelchen ab und bete dann:

Denk immer dran   **was Gott**   **dir**   **Gutes getan hat**

Weitere Anregungen für den (Kinder-)Gottesdienst:

- Der Leiter hat eine Pinnwand dabei, auf der steht:
  „Vergiss nicht, was Gott dir Gutes getan hat"

- Jedes Kind bekommt ein Zettelchen, um etwas aus der vergangenen Woche, das es dankbar gemacht hat, darauf zu schreiben

- Die Zettelchen werden verdeckt angeheftet

- Die Kinder beten den auf der vorigen Seite abgebildeten Kehrvers des Psalms mit Bewegungen.
  Die Leiterin liest immer ein Zettelchen
  und dann wird wieder der Kehrvers mit Bewegungen gebetet.

Psalm 103

Gebet nach den Worten des Psalms 103:

Auch hier bietet es sich an, den Kehrvers immer wieder dazwischen zu beten

ER vergibt dir, auch wenn dir etwas nicht so gut gelingt

ER lässt dich spüren, dass er dich mag, so wie du bist

ER will, dass du fröhlich sein kannst

ER will, dass du dich gut fühlst

ER will für uns

wie ein guter Vater zu seinen Kindern sein.

Denn du hast mich aus der Tiefe gezogen (Psalm 30)

... wenn ich traurig bin...

Du kennst das sicher auch:
Dir ist es einfach nur noch zum Weinen.
Die Tränen rollen dir nur noch so ins Gesicht.

Zu Gott darfst du alles bringen,
was dich traurig macht.
Bei ihm ist dein Kummer gut aufgehoben.

Schreibe in die Tränen alles, was dich traurig macht, alles, was dich bedrückt.
Schaue dann auf die liebende Wärme Gottes.
Sieh, dass er Licht in dein Leben bringen möchte
Indem er für dich da ist – in deiner Traurigkeit - , dich annimmt, mit deinen Sorgen,
will er dein Leben wandeln und gutmachen.

Wenn du dir alle Sorgen von der Seele geschrieben hast, nimm folgende Farbstifte
zur Hand:

... Gott ist für mich da...

Nimm die genannten Regenbogenfarben, bete dazu mit folgenden Worten und gib dann dem Regenbogen Farbe:

rot — LIEBE
Guter Gott,
als ich mir so schlecht vorkam,
weil ich Ungutes getan hatte,
ließest du mich deine Liebe spüren.
Sie gibt mir neu Kraft,
wieder gut mit anderen umzugehen.
Du lässt mich spüren: DU bist Liebe.

blau — GLAUBE
Lieber Gott, als ich nur noch
Angst hatte und mich allein fühlte,
hat mir der Glaube an dich geholfen.
Du lässt mich spüren: Es tut gut, an dich zu glauben.

Psalm 30

grün — HOFFNUNG
Guter Gott,
als ich ganz verzweifelt war,
tat mir ein kleiner, geschenkter Lichtblick gut.
Ich bin mir sicher:
DU lässt mich immer wieder neu spüren:
Es gibt Hoffnung. DU bist Hoffnung.

gelb — LICHT
Guter Gott, als in mir alles dunkel war,
hat ein Sonnenstrahl durch mein Fenster gelächelt.
DU lässt mich spüren: DU bist Licht für mein Leben.
DU machst mein Leben hell.

lila — VERGEBUNG
Und wenn ich mich noch so schlecht benommen
habe, weiß ich, guter Gott, du vergibst mir. DU
lässt mich spüren: du nimmst mich an, wie ich bin
und gibst mir Kraft, mich zu verändern.

orange — WÄRME
Guter Gott, Du tust mir gut,
du schenkst mir Wärme,
DU hilfst mir, wenn ich traurig bin.
Hab` Dank dafür.

AMEN.

Gebet nach Worten aus dem Psalm 30

Herr mein Gott, ich will dir danken;
    denn du hast mich aus der Tiefe gezogen

Herr mein Gott, als ich schrie zu dir
    hast du mich gehört

Herr mein Gott, du trägst mir meine Fehler nicht nach
    du lässt mich immer wieder von Neuem Gutes spüren

Herr, mein Gott, auch, wenn ich am Abend bedrückt ins Bett gehe
    lässt du mich am Morgen wieder mit Freude aufstehen

Herr, mein Gott, ich will dir danken,
    ich will dir singen
und dich loben
    bis in Ewigkeit

AMEN.

Sende dein Licht und deine Wahrheit (Psalm 43)

Kanon aus Psalm 43

Sen - de dein Licht und dei - - - ne Wahr-heit,

dass sie mich lei - ten zu dei - ner Woh-nung,

und ich dir dan - - - ke, dass du mir hilfst

Bewegungen zum Kanon

Sende dein Licht
bittende nach oben geöffnete Hände

und deine Wahrheit
Wahrheit, die uns offenbart wird durch offene Hände andeuten

dass sie mich leiten
Weg / Straße andeuten

zu deiner Wohnung
Dach über dem Kopf andeuten

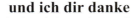

und ich dir danke
dankend, betende Hände

dass du mir hilfst.
Hände auf die Schultern

Dich will ich preisen in der Gemeinde (Psalm 22 II)

Lied zum Psalm

Deinen Namen sollen kennen alle Leute

Text und Melodie: C. Schöll

Dei-nen Na-men sol-len ken-nen al-le Leu - - te
von dir er-zäh-len will ich gestern, morgen und auch heu-- te.
Je-der soll es wis-sen, du bist un-ser gro-ßer Gott,
je-der soll es wis-sen, du bist da in Freud` und Not.

Psalm 22 II

Spiel
Zum Spielen im Gottesdienst oder zur Vorerfahrung zum Psalm

Du kennst sicher das Spiel „Flüsterpost".
Hierbei denkt sich ein Kind ein Wort oder einen Satz aus, flüstert dies ins Ohr vom nächsten Kind – das zweite Kind gibt den Satz flüsternd ans nächste Kind weiter ...
Es ist meistens lustig, was dabei herauskommt.

Probiert es doch einmal mit dem Satz:

Unser großer Gott ist da in Freude und in Not

Psalm 22 II für Kinder

Ich will allen von dir erzählen, guter Gott,
jeder soll von dir erfahren.

Meine Freunde, meine Mitschüler
und alle,
die zu meiner Gemeinde gehören.

Ich will von dir erzählen, guter Gott,
denn du bist da für die Armen.

Ich will von dir erzählen, guter Gott,
damit alle deine Liebe spüren.

Ich will von dir erzählen, guter Gott,
denn deine Liebe soll unter allen Menschen sein.

Du sollst spürbar werden in unserer Gemeinde
und in der ganzen Welt.

AMEN.

Postkarte zum Versenden mit Worten aus dem Psalm

Damit diese Botschaft jeden erreicht,
auch diejenigen, die heute nicht im Gottesdienst sein können,
ist hier eine Postkarte abgedruckt, die du ausschneiden kannst.

Psalm 22 II

Du kannst auf diesem Weg jemandem einen Gruß zukommen lassen und die Botschaft:

Unser großer Gott ist da in Freude und in Not!

Damit kannst du sicher jemandem eine Freude machen
und Gutes von Gott spüren lassen!

Psalm 22 II

Der Herr ist meines Lebens Kraft (Psalm 27)

Lied zu Psalm 27

Psalm mit Bewegungen

Kehrvers:

Der Herr ist meines Lebens Kraft

– vor wem sollte ich mich fürchten?

Bewegungen zum Kehrvers:

Der Herr
Nach oben zeigen

ist meines Lebens
Auf sich selbst zeigen

Kraft.
Powerhände

Vor wem sollte ich mich fürchten
Fragende Hände

Verse (im Wechsel gesprochen):

- Eines bitte ich vom Herrn, das hätte ich gerne:
    Dass ich im Hause des Herrn bleiben könne mein Leben lang

- zu schauen die schönen Gottesdienste des Herrn
    und seinen Tempel zu betrachten.

- Denn er deckt mich in seiner Hütte zur bösen Zeit,
    er birgt mich im Schutz seines Zeltes
    und erhöht mich auf einen Felsen.

- Herr, höre meine Stimme, wenn ich rufe;
    Sei mir gnädig und erhöre mich.

    Du bist meine Hilfe; verlass mich nicht
    Und tu die Hand nicht von mir ab, Gott, mein Heil!

- Ich glaube aber doch, dass ich sehen werde
    Die Güte des Herrn im Lande der Lebendigen

- Warte und vertraue auf den Herrn!
    Sei getrost und unverzagt und warte und vertraue auf den Herrn!

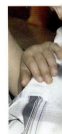

Psalm 27

Wohl den Menschen, die dich für ihre Stärke halten (Psalm 84)

Ein Psalm mit Bewegungen:

Immer, wenn das Psalmwort gesprochen wird, machen wir nebenstehende Bewegungen:

Psalm 84

Wohl den Menschen
Ein Mensch wird in die Luft „gezeichnet"

die dich
rechte Hand zeigt nach oben

für ihre Stärke halten
Stärke wird durch angewinkelt nach oben zeigende Arme demonstriert

und von Herzen
beide Hände ans Herz legen

Dir
rechte Hand zeigt wieder nach oben

nachwandeln
gehende Bewegungen, durch ein angedeutetes Gehen (auf der Stelle) und abgewinkelte, das Gehen unterstützende Arme.

Psalmgebet

Herr, wie gerne bin ich bei dir geborgen
und fühle mich bei dir wie Zuhause.

Mein Herz und mein Leib singen dir begeistert zu.
Dir, lebendiger Gott.

Es tut so gut, bei dir Kraft zu finden
und sich mit deiner Stärkung auf den Weg zu machen.

Guter Gott, so gerne fühle ich mich in deiner Nähe.
Denn bei dir finde ich Halt.

Psalm 84

Nach jedem gesprochenen Abschnitt des Gebets

wird gemeinsam gesprochen und von Bewegungen begleitet:

Wohl den Menschen,

die dich

für ihre Stärke halten

und von Herzen

dir

nachwandeln

Dankt dem Herrn und lobt seinen Namen (Psalm 100)

Lied zum Psalm

Dankt dem Herrn

Text und Melodie: C. Schöll

Dankt dem Herrn und lobt sei-nen Na-men

denn er ist so freu - - -ndlich

Dankt dem Herrn und preist sei-nen Na-men,

sei - ne Gü - te wäh-ret e - - -wig lich.
sei - ne Wahrheit gilt für i - - -im-mer.
de - nn er hat uns er-scha - - -ff - en.
de - nn er hat uns sein Volk genannt.

Gestaltung zum Psalm

**Gehet zu seinen Toren ein mit Danken,
zu seinen Vorhöfen mit Loben;
danket ihm, lobet seinen Namen.**

*Zu diesem Ausschnitt wird ein großes Tor
aus Tüchern gelegt
– oder aus Tonpapier gestaltet.*

*Auf den Torbogen dürfen die Kinder
Dankesaussagen schreiben,
die „Vorhöfe" dürfen die Kinder
mit dazu vorbereiteten Blumen,
auf die Lob geschrieben wird,
schmücken.*

Psalm 100

*Zum Abschluss dieses gemeinsamen Vorgehens
wird das auf der nächsten Seite abgedruckte Lied
als Dank gesungen und um den Torbogen getanzt.*

(oder jedes andere beliebige Danklied)

DANKE-TANZLIED

Text und Melodie:
C. Schöll

Psalm 100

Dan - ke, du liebst mich so - sehr.
Dan - ke, du liebst mich so - sehr.
Je - sus, Je - sus
dan - ke, du liebst mich so - sehr.

Vorschlag für eine Tanzgestaltung:

Alle nehmen sich an der Hand, so dass ein Kreis entsteht.
Zu den Zeilen könnte sich dann in langsamem Tempo – gemäß des Liedes – wie folgt bewegt werden:

Zeile 1: Alle gehen im Uhrzeigersinn im Kreis
Zeile 2: Nun wird sich gegen den Uhrzeigersinn bewegt
Zeile 3: Es wird gemeinsam langsam in die Mitte gegangen.
Dazu werden beim ersten Mal „Jesus" die Arme gemeinsam bis etwa in Augenhöhe hochgenommen.
Beim zweiten „Jesus" werden dann die Arme hoch gestreckt, so dass das Gefühl einer aufgehenden Sonne entsteht.
Zeile 4: Nun wird sich wieder zurück in die Ausgangsposition bewegt, d.h.: alle gehen wieder Rückwärts zum Ausgangskreis. Eine sich verneigende Bewegung unterstreicht den Dank.

Dein Name ist so herrlich, überall in allen Landen (Psalm 8)

Den Psalm gemeinsam gebetet und gestaltet

*Alle beten gemeinsam den Anfang des Psalms,
beobachten dann, wie sich der Psalm entwickelt, gestaltet und entfaltet
und beten dann wieder gemeinsam den Schluss des Psalms*

<u>Gemeinsamer Beginn:</u>

**Herr, unser Herrscher,
dein Name ist so herrlich, überall, in allen Landen!**

Du zeigst deine Hoheit am Himmel.

Himmel wird aus Tüchern gelegt

Wir sehen den Himmel, deiner Finger Werk,
den Mond und die Sterne, die du bereitet hast.

Mond und Sterne werden hinzugelegt.

Evtl. immer wieder den gemeinsamen Kehrvers wiederholen.

Wenn wir den von dir geschaffenen Himmel
mit all seinen Gestirnen in seiner Herrlichkeit sehen,
dann kommt uns der Gedanke in den Sinn:

Was ist der Mensch, dass du an ihn denkst
und dich dem Menschen schon als kleines Kind annimmst?

Mensch wird unter den Himmel gestellt

Du hast ihn wenig niedriger gemacht als Gott

– Boden wird ihm gegeben

Aufrecht und aufrichtig darf er auf der Erde leben,
das verleiht ihm Ehre und Herrlichkeit, mit der du ihn krönst.

Du hast ihn zum Herrn gemacht über deiner Hände Werk,
alles hast du unter seine Füße getan:

Tiere werden nun dazugelegt/ gestellt – als Zeichnungen, Stofftierchen o.ä.

Schafe und Rinder allzumal, dazu auch die wilden Tiere.

Die Vögel unter dem Himmel
und die Fische im Meer
und alles, was die Meere durchzieht.

*Wenn alle Tiere gelegt sind,
wird leise Musik angestellt.*

L: Wir betrachten uns in
Stille als Geschöpfe Gottes,
verantwortlich für seine Schöpfung,
um dann gemeinsam zum Abschluss zu beten:

**Herr, unser Herrscher,
dein Name ist so herrlich, überall, in allen Landen!**

Psalm 8

Denn seine Güte währet ewiglich (Psalm 136)

Psalmgebet mit Bewegungen

Mit Bewegungen wird immer von den Kindern rhythmisiert gesprochen, gebetet:

Nie, nie, nie hört sie auf - *Zeigefinger zeigt: nie, nie, nie*

verlass dich drauf! *Beide Hände bringen besiegelnden Händedruck zum Ausdruck*

Nie, nie, nie hört sie auf *Zeigefinger zeigt: nie, nie, nie*

Gottes große Güte  *sich nach oben öffnende Arme*

nimmt stets ihren Lauf.  *Nach unten gehend, immerwährende Spiralbewegung andeuten*

- *Die Erwachsenen beten im Wechsel dazu:*

Danket dem Herrn, denn er ist freundlich

Danket dem Gott aller Götter

Danket dem Herrn aller Herren,

Der allein große Wunder tut

Der die Himmel mit Weisheit gemacht hat

Der die Erde über den Wassern ausgebreitet hat

Der große Lichter gemacht hat

Die Sonne, den Tag zu regieren

Den Mond und die Sterne, die Nacht zu regieren

Psalm 136

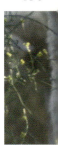

Der die Erstgeborenen schlug in Ägypten

Und führte Israel von dort heraus

Mit starker Hand und ausgerecktem Arm

Der das Schilfmeer teilte in zwei Teile

Und ließ Israel mitten hindurchgehen

Der den Pharao und sein Heer ins Schilfmeer stieß,

Der sein Volk führte durch die Wüste

Der große Könige schlug

Und gab ihr Land zum Erbe

Zum Erbe seinem Knecht Israel

Der an uns dachte, als wir unterdrückt waren

Und uns erlöste von unsern Feinden,

Der Speise gibt allem Fleisch

Danket dem Gott des Himmels,

denn seine Güte währet ewiglich.

und beim letzten Mal machen die Erwachsenen zum Abschluss mit:

(Nie, nie, nie hört sie auf...)

Der Herr freue sich seiner Werke (Psalm 104)

Kleine Feier zum Psalm

L gestaltet den Beginn, indem er den Psalm als Mittelbild entstehen lässt
Der Psalm endet als gemeinsame Feier:

„Lobe den Herrn, meine Seele! Herr mein Gott, du bist herrlich."
Mit diesen Worten beginnt der Psalm 104, mit welchem wir heute
in einer kleinen Feier gemeinsam Gott loben und danken möchten.

Beginnen wir gemeinsam mit einem Loblied

Laudato si – oder ein anderes der Gruppe bekanntes Loblied wird zu Beginn gesungen

Wir beten weiter mit den Worten des Psalms 104
und sehen diese vor unseren Augen entstehen.

Du breitest den Himmel aus wie einen Teppich;

Himmel wird aus blauen Tüchern gelegt

Der du das Erdreich gegründet hast auf festen Boden,

Erde (braune Tücher) wird gelegt

Dass es bleibt immer und ewiglich.

Die Berge

Berge legen

feuchtest du von oben her

Muggelsteine regnen lassen

Du machst das Land voll Früchte, die du schaffst

– Zweig legen – daran Zwetschgen, Kirschen o.ä. Früchte

Du lässest Gras wachsen für das Vieh

grüne Tücher legen

Und Saat zu Nutz den Menschen

Ähren legen

Dass du Brot aus der Erde hervorbringst

Brot zu den Ähren legen

Psalm 104

Dass der Wein erfreue des Menschen Herz.

Weintrauben legen

Wir betrachten alle gemeinsam diese im Psalmgebet
entstandene Schöpfung
und bringen frei unseren Dank zum Ausdruck.

*Alle miteinander oder der L schließt den Dank
mit den Psalmworten:*

Herr, wie sind deine Werke so groß und viel!
Du hast sie alle weise geordnet,
und die Erde ist voll deiner Güte.

Es warten alle auf dich,
dass du ihnen Speise gibst zur rechten Zeit.

Auch wir dürfen täglich aufs Neue
Gottes Kräftigung und Stärkung erwarten.
Er gibt uns und beschenkt uns.
Er sättigt uns mit Gutem.

Wir sind beschenkt durch Gottes Herrlichkeit,
die uns täglich aufs Neue erleb- und spürbar werden will.

Uns ist zugesagt, dass diese Herrlichkeit ewig bleiben wird
Und uns seine Kraft jeden Tag neu geschenkt sein will.

So dürfen wir uns auch heute gestärkt wissen, wenn wir teilen,
was aus seiner guten Hand kommt

gemeinsames Brot teilen – evtl. bei leiser Musik.

Der L schließt die Feier mit den Worten:

Lasst uns diese gemeinsame Feier beenden,
wie wir sie auch begonnen haben:

Mit Psalmworten, die Lob zum Ausdruck bringen
und durch unser Loblied noch einmal bekräftigt werden:

Die Herrlichkeit des Herrn bleibe ewiglich,
der Herr freue sich seiner Werke!
Lobe den Herrn, meine Seele! Halleluja!

*(entweder Kanon „Die Herrlichkeit des Herrn bleibe ewiglich" singen
– wenn bekannt – alternativ: noch einmal: Laudato si*

Psalm 104

Du warst da noch ehe die Welt geschaffen wurde (Psalm 90)

Gebet nach Psalm 90

Herr, du bist ein Gott, zu dem wir kommen dürfen.
Du bist unser Gott und warst da,
noch ehe die Erde und die Welt geschaffen wurden.
Du bist unser Gott und bist da,
von Ewigkeit zu Ewigkeit.

Hab Dank dafür.

AMEN.

Die eigene Vergänglichkeit mit Kindern im Psalm bedenken

Kehrvers, der immer wieder gemeinsam gebetet wird:

Herr, manchmal vergessen wir,
dass wir nicht immer auf dieser Welt sein können.
Hilf uns bewusster mit unserem Leben umzugehen
und achtsamer
uns selbst,
unseren Mitmenschen
und auch der Umwelt gegenüber
umzugehen.

**Dazwischen können die Kinder – je nach Alter –
frei ihre Gedanken äußern und beten,
wo sie sich mehr Achtsamkeit für ihr Leben wünschen**

Psalm 90

Oder aber der L betet dazwischen bzw. lässt in verteilten Rollen beten:

* Manchmal nehmen wir uns so wichtig,
doch dabei ist unser Leben so klein und so kurz.

* Manchmal handeln wir so unbedacht,
tun unseren Freunden und anderen Menschen Unrecht,
dabei ist die Zeit, die du uns schenkst so wertvoll
und wir können so viel Gutes bewirken.

* Manchmal verschwenden wir unsere Zeit,
weil wir gedankenlos in den Tag hineinleben,
dabei schenkst du uns so viele Gaben,
mit denen wir so viel Sinnvolles tun können.

Gottes Lob im Himmel und auf Erden (Psalm 148)

Rätsel zu Psalm 148

Der Psalm 148 ist ganz einfach zu errätseln:
Du ersetzt jedes Bild durch das abgebildete Wort
– und schon kannst du den Text lesen.
Um sicher zu gehen, kannst du in der Bibel nachschauen, ob du alles erkannt hast.

Viel Freude dabei!

Gottes Lob im Himmel und auf Erden

Halleluja! Lobet im Himmel den Herrn, lobet ihn in der Höhe!

Lobet ihn, alle seine Engel, lobet ihn, all sein Heer!

Lobet ihn, und , lobet ihn, alle leuchtenden !

Lobet ihn, ihr Himmel aller Himmel und ihr über dem Himmel!

(Psalm 148;1-4)

Lobet den Herrn auf Erden, ihr großen und alle Tiefen des Meeres,

, Hagel, Schnee und Nebel, Sturmwinde, die sein Wort ausrichten,

ihr und Hügel, fruchttragende und alle Zedern,

ihr Tiere und alles Vieh,  und Vögel,

ihr Könige auf Erden und alle Völker,
Fürsten und alle Richter auf Erden,
Jünglinge und Jungfrauen, Alte mit den Jungen!
Die sollen loben den Namen des HERRN, denn sein Name allein ist hoch, seine Herrlichkeit reicht, so weit Himmel und Erde ist.
(Psalm 148;7-13)

Psalm 148

Ich sitze oder stehe (Psalm 139)

Aus Psalm 139 – mit Bewegungen

Ich sitze oder stehe auf ,

so weißt du es ;

du verstehst meine Gedanken von ferne

Ich gehe oder liege

so bist du um mich und siehst all meine Wege.

Von allen Seiten:

    Vorne , hinten , rechts  und links

umgibst du mich

und hältst deine Hand über mir.

... weil du immer vergibst

Ich bin nicht alleine (Psalm 32)

Platz für eigene Gedanken zum Psalm 32

Es tut so gut, sagen zu können, wenn ich mich schlecht fühle.
Und es gibt sicher auch für Dich viele, liebe Menschen, denen Du Dich anvertrauen kannst, wenn es Dir nicht so gut geht.

Hier ist Platz, um die Namen derjenigen Menschen aufzuschreiben, bei denen Du Dir vorstellen kannst, dass du dein Herz ausschütten kannst, wenn es dir nicht gut geht.

Psalm 32

*Wenn Du an jene Menschen gedacht hast, und ihre Namen aufgeschrieben hast, bete doch ein kurzes Dankgebet zu Gott.
Vielleicht willst du es mit folgenden Worten tun:*

**Guter Gott, hab Dank für so viele liebe Menschen, die mich verstehen
auch dann, wenn ich mich nicht so gut fühle
und die für mich da sind, auch dann,
wenn ich mir nicht gerade liebenswert vorkomme.
Es tut gut, zu wissen, dass ich nicht alleine bin.
AMEN.**

Gebet zum Psalm 32

Und dennoch gibt es vielleicht die ein oder andere Situation, in der du nicht einmal mehr deiner Mutter oder deinem Vater, nicht einmal mehr deiner besten Freundin erzählen möchtest, was dir passiert ist, was du getan hast, was dich belastet.
Aber auch dann darfst du wissen:

ICH BIN NICHT ALLEIN

Du kannst dann nach den Worten des Psalm 32 beten:

Guter Gott,

es fällt mir nicht leicht, all das zu erzählen,

was mich belastet und bedrückt.

Ich habe mich ganz und gar nicht so verhalten,

wie es gut für mich und für andere wäre.

Du weißt das.

Du kennst mich.

Und du nimmst mich trotzdem an – so, wie ich bin:

Mit all meinen guten Seiten

– aber auch mit meinen Schwächen und Fehlern.

Guter Gott,

das macht mich wieder frei.

Deine uneingeschränkte Liebe spüren zu dürfen befreit.

Deine Liebe befreit zum Leben.

AMEN.

Psalm 32

Du, Herr, hörst mein Weinen, Du nimmst mein Gebet an (Psalm 6)

Mit Kindern beten nach Psalm 6

Guter Gott,
manchmal bin ich ganz traurig über mich selbst.
Mir ist es zum Weinen,
ich fühle mich schwach und schlecht.

Aber Du, HERR, hörst mein Weinen,
DU hörst, wie es in diesen Momenten aus mir ruft
Und ich weiß,
DU nimmst mein Gebet an.
Hab Dank dafür.

AMEN

Gib mir Ohren, Mund und Augen (Psalm 38)

Erfahrungsübungen zum Psalm

Um diesen Psalm in seiner tieferen Bedeutung zu erfassen,
tut es sicher gut, wenn die Kinder zunächst Übungen und Erfahrungen
machen dürfen im Hören, Reden und im Sehen.

Im folgenden seien ein paar wenige Übungen stellvertretend genannt:

1. Übung zum Sehen:

- Tastübung mit selbst hergestellten Tastbrettchen
  (auf Bierdeckel werden verschiedene Materialien (z.B. Schleifpapier, Moosgummi, Filz, Alufolie... ...) geklebt
  – jeweils 2 gleiche müssen mit verbundenen Augen gefunden werden)

  <u>Hinweis danach</u>: wären die Augen nicht verbunden gewesen, wäre diese Übung sicherlich wesentlich einfacher gewesen. Und so ist es auch mit uns Menschen – manchmal haben wir einfach nicht den richtigen Blick für etwas, manchmal stellen wir uns „blind" einer Tatsache gegenüber und wollen nicht sehen, was für uns wichtig wäre.

2. Übung zum Hören:

- Zwei Kinder werden für die Übung ausgesucht, um in zwei gegenüberliegende Ecken des Raumes zu sitzen. Das erste Kind ist jenes, welches eine Botschaft bekommt (1 oder 2 Sätze auf einen Zettel geschrieben) – das zweite Kind sitzt gegenüber und hat die Aufgabe, diese Botschaft herauszuhören und aufzuschreiben. Erschwert wird dieses Vorhaben, indem alle anderen Kinder im Raum verteilt sitzen und möglichst laut sind, so dass ein Hören beinahe unmöglich erscheint.

  <u>Hinweis danach:</u> So wie es hier laut war in unserem Raum, so ist es auch manchmal in uns Menschen laut. Mich beschäftigt dies und jenes, ich überlege hierfür und für weiteres und ich kann und kann nicht ruhig werden, um auf das zu hören, was gut für mich wäre, um schließlich auf das zu hören, was Gott von mir möchte.

3. Übung zum Reden:

- Den Kindern werden Streichhölzchen verteilt, die sie zwischen die Lippen „klemmen" sollen. Nun haben sie folgende Aufgabe: ein anderes Kind ohne dieses störende Streichhölzchen im Mund redet auf das Kind mit Streichhölzchen ein und fordert es wieder und wieder dazu auf, sich für etwas recht zu fertigen oder zu etwas Stellung zu nehmen. Dem Kind mit dem Streichholz wird dies nur schwer gelingen, da es entweder lachen muss, durch andere Kinder zum Lachen provoziert wird oder schlicht und einfach nur schwer verständlich ist.

  <u>Hinweis danach:</u> manchmal kommt es uns vor, als hätten wir ein Streichhölzchen zwischen den Lippen – wir können oder wollen nicht über das ernsthaft reden, was uns eigentlich wichtig ist.

Gebet zum Psalm

*All diese Erfahrungen aus dem Psalm machte wohl auch der Psalmist,
jedoch nicht nur im Spiel, sondern im tatsächlichen Leben.
Es ist aus dem Psalm herauszuhören, dass diese Taubheit für Gott, dieses Stummsein
im Reden über Gott und das scheinbar Blindsein für Gottes wirken den Psalmbeter
traurig macht.*

Aber auch in solchen Situationen dürfen wir uns im Gebet an Gott wenden:

**Herr, ich würde dich so gut verstehen,
wenn du einen riesigen Zorn auf mich hättest.**

**Ja, wahrscheinlich könnte ich sogar verstehen,
wenn du mich richtig bestrafen würdest
für all das, was ich getan oder gelassen habe.**

**Ich war wie blind und habe nicht gesehen,
was du für mich tust.**

**Ich war wie taub und habe nicht auf deine Stimme gehört
und auf das, was gut für mich gewesen wäre.**

**Ja, ich war wie stumm und habe nicht gesagt,
was wichtig gewesen wäre.**

**Das alles ist mir wichtig, heute Dir zu sagen.
Sei du trotzdem bei mir, guter Gott,
wende dich nicht ab von mir – sondern hilf mir:
mache mich sehend, öffne meine Ohren und hilf, dass ich Gutes rede.**

Amen.

Psalm 38

Herr, schaffe in mir ein reines Herz (Psalm 51)

Tagesabschluss zum Psalm 51

**Herr, wasche mich rein,
von allem, was mich bedrückt.
Herr, schaffe in mir ein reines Herz.**

*Ein Psalm, der sich für den Tagesabschluss mit Kindern gut eignet.
Der L hat ein Körbchen dabei mit angekohlten Flaschenkorken.
Jedes Kind bekommt so einen Flaschenkorken und darf bei leiser Musik nachdenken,
was heute alles nicht ganz so gelungen war.
Bei allem, was den Kindern so einfällt, dürfen sie sich mit den Flaschenkorken
einen leichten schwarzen Punkt oder Strich ins Gesicht malen.*

Genau so, wie es uns geht: mit allem, was uns bedrückt
und allem, wovon wir das Gefühl haben,
dass es nicht so gut war am vergangenen Tag,
dürfen wir zu Gott kommen.

Nach Worten des Psalm 51 dürfen wir deshalb am Ende dieses Tages bitten:

*Je nachdem, wie viele Kinder teilnehmen,
wird vor jedes Kind eine Schüssel mit Wasser
und ein Waschlappen gestellt
– oder aber eine große Schüssel mit Wasser gefüllt
steht in der Mitte und an die Kinder werden Waschlappen verteilt.*

Beim Beten der folgenden Worte,
dürfen sich die Kinder ganz bewusst waschen und sich sicher sein:
vor Gott dürfen wir sein, wie wir sind.
Er nimmt uns an, mit allem was ist und war
und er gibt uns die Kraft, wieder neu zu beginnen:

**Herr, wasche mich rein,
von allem, was mich bedrückt.
Herr, schaffe in mir ein reines Herz.**

Psalm 51

Herr, höre mein Gebet (Psalm 102)

**Freies Gebet zu Psalm 102
– mit Liedruf und Bewegungen**

Herr, ich bitt dich, höre mein Gebet

Text und Melodie:
C. Schöll

Herr, ich bitt dich, hö-re mein Ge-bet

und lass mein Schrei-en zu dir kom-men.

Herr, ich weiß, bei dir ist's nie zu spät; auch,

wenn ich mich füh-le wie be-nom-men.

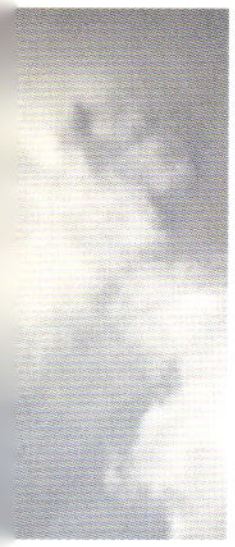

Psalm 102

Bewegungen zum Liedruf:

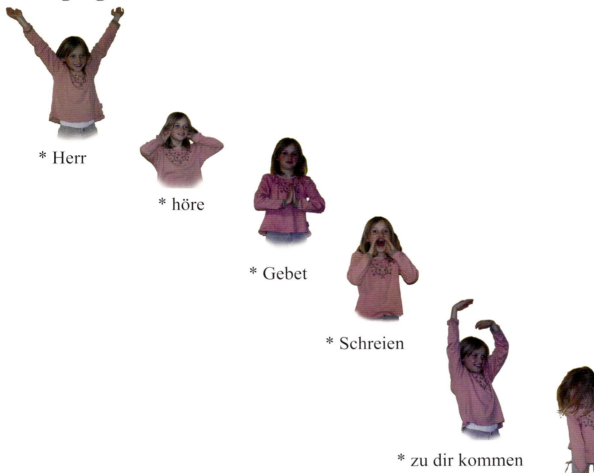

* Herr
* höre
* Gebet
* Schreien
* zu dir kommen
*wie benommen

Psalm 102

Gestaltungsvorschlag:

gemeinsam wird der Liedruf gesungen als Zwischengesang zwischen frei gesprochenen Anliegen, die vor Gott gebracht werden dürfen.

Lied zu Psalm 102

Die mit Tränen säen werden mit Freuden ernten (Psalm 126)

Besinnliche Einheit zum Psalm

Psalm 126

**Die mit Tränen säen, werden mit Freuden ernten.
Sie gehen hin und weinen und streuen ihren Samen
und kommen mit Freuden und bringen ihre Garben.**
(aus Psalm 126)

Geben Sie in einem Säckchen 1 Sonnenblumenkern zum Befühlen.
Die Kinder sollen beschreiben, welche Form sie fühlen
(nicht benennen, was sie fühlen, sondern die Form beschreiben).

Sicherlich kann ein Kind diese Form aufs Papier bringen.
Diese Form wird in etwa so aussehen.

Lassen Sie nun die Kinder frei assoziieren,
was sie kennen, das auch diese Form hat.
Sicherlich werden die Kinder Samenkörner nennen, weil sie ein solches gespürt
haben – die Kreativität der Kinder kennt aber in so einem Fall keine Grenzen – lassen
Sie deshalb dem Assoziieren freien Lauf.

Wenn die Antwort „Träne" von den Kindern kommt,
greifen Sie diese auf,
wenn nicht, malen Sie zu der gemalten Form des Kindes ein Gesicht,
auf welchem eine Träne zu sehen ist.

Im Gespräch kann nun mit den Kindern erörtert werden,
wann sie Tränen vergießen:
bei Enttäuschung, Wut, Sorgen und Kummer... ...
– die Kinder haben sicher sehr konkrete Situationen
vor Augen und können davon berichten.

Jedes Kind bekommt nun
aus einem Tränensäckchen eine solche Träne
(ein Sonnenblumenkern)
und darf wissen:
Meine Tränen sind bei Gott gut aufgehoben.
Wenn ich ihm erzähle, was mich bedrückt,
kann ich wachsen, kann Neues aufblühen.

Jedes Kind darf deshalb von seiner Traurigkeit,
- von seiner Träne -
erzählen
und diese dann
in ein vorbereitetes Blumentöpfchen stecken.
Ganz in der Gewissheit des Psalms,
dass die Traurigkeit bei Gott auf guten Boden fällt.

Sprechen Sie gemeinsam
mit den Kindern zum Abschluss
die oben abgedruckten Verse des Psalms
und jeder darf getrost nach Hause gehen.

Psalm 126

Mein Gott, mein Gott, warum hast du mich verlassen (Psalm 22 I)

Beten mit älteren Kindern zum Psalm

*Ältere Kinder finden schon direkt Zugang zu den Worten des Psalms.
In Situationen, wo sie Angst erfahren (haben) tut es gut,
diese auch aussprechen zu können.
Beten Sie mit den Ihnen anvertrauten Kindern
in der Angst mit offenen Worten zu Gott.*

**Mein Gott, mein Gott warum hast du mich verlassen?
Ich schreie, aber meine Hilfe ist ferne.**

**Mein Gott, des Tages rufe ich, doch antwortest du nicht,
und des Nachts, doch finde ich keine Ruhe.**

**Sei nicht ferne von mir, denn Angst ist nahe;
Denn es ist hier kein Helfer.**

**Aber du, Herr, sei nicht ferne;
Meine Stärke, eile, mir zu helfen!**

(aus Psalm 22)

Beten mit jüngeren Kindern zum Psalm

Für jüngere Kinder können leicht abgewandelte Formulierungen hilfreich sein. Diese können Sie selbst formulieren, frei sprechen – oder aber Sie beten mit folgenden Worten:

Ach, mein Gott.
Immer habe ich so fest an Dich geglaubt.
Immer meinte ich, Du bist es, der mir hilft.
Aber heute fühle ich mich ganz schrecklich alleine.
Du kennst mein Problem, du weißt um meine Angst

………. ……. freier Raum, um die Ängste und Probleme aussprechen zu können ….

Psalm 22 I

Den ganzen Tag könnte ich zu Dir beten,
ja am liebsten würde ich zu Dir schreien –
aber irgendwie spüre ich keine Hilfe.

Nachts liege ich im Bett und kann nicht schlafen.
Auch dann bete ich – spüre aber keine Hilfe.

Guter Gott,
ich bete mit all meiner Kraft und mit all meinem Vertrauen zu Dir:
Sei jetzt ganz nah bei mir,
gib mir Kraft
und sei mir dadurch Hilfe.

AMEN.

Wie lange verbirgst du dein Antlitz vor mir (Psalm 13)

Über den Psalm 13 nachgedacht

Gott ist für mich wie.. ... ...

Hast Du Dir schon einmal Gedanken darüber gemacht, wie Gott für Dich ist?
In der Bibel und insbesondere in den Psalmen findest Du viele verschiedene Bilder, in denen Menschen von Gott sprechen.

Zum Beispiel:

Gott ist für mich wie .... ein fester Fels
Gott ist für mich wie .... eine Burg

Du kennst sicher viele dieser Bilder.
Aber wenn Du selbst nachdenkst über Gott und über Deine Erfahrungen mit ihm, dann fallen Dir bestimmt auch verschiedenste Bilder ein.

Nimm Dir doch einmal bewusst Zeit, um Bilder in Dir aufsteigen zu lassen, wer und wie Gott für Dich ist.

Weiterführung zu dieser Übung in der Gruppe

Zeigen Sie den Kindern eine brennende Kerze (vielleicht von Ihnen gestaltet mit einem Kreuz oder einem Ihnen wichtigen Bild, das Ihren persönlichen Glauben an Gott zum Ausdruck bringt.)
Sprechen Sie mit den Kindern darüber,
warum eine brennende Kerze ein Bild für Gott sein könnte:

- lichtgebend
- wärmend
- sich für andere verzehrend
- leuchtend
- … … …

Psalm 13

Weisen Sie die Kinder darauf hin,
dass so eine Kerze einfach gut tut.

Und so ist es auch mit Gott.
Gott zu spüren, tut einfach gut.

Im Bewusstsein leben zu können, dass ER hier ist, gibt Kraft, Mut, Sicherheit.

Manchmal aber kann es uns trotz dem bislang festesten Glauben so gehen:

Fordern Sie die Kinder auf, ihre Augen zu schließen
- währenddessen verstecken Sie die Kerze im Raum – sie brennt nun weiter, ist jedoch für keines der Kinder offen-sichtlich.

Wenn die Kinder ihre Augen wieder öffnen, tauschen sie sich über die gemachte Erfahrung und das Gefühl jetzt aus: Scheinbar ist Gott nicht bei uns, nirgends sehe ich ihn, ich kann nichts mehr spüren.

Wenn es uns so geht
– und das ist ganz normal –
so geht es jedem Menschen immer wieder einmal
und so ging es schon vielen Menschen lange vor uns
 – zum Beispiel David, von dem wir aus der Bibel wissen,
dann können wir mit seinen Worten im Psalm beten:

Herr, wie lange willst du mich so ganz vergessen?
Wie lange verbirgst du dein Antlitz vor mir?

Wie lange soll ich sorgen in meiner Seele?
Schaue doch, erhöre mich, Herr, mein Gott
und erleuchte meine Augen

Psalm 13

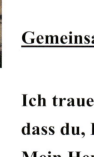

Holen Sie nun die Kerze wieder aus ihrem Versteck, bringen Sie sie zum Vorschein.
Die Kerze wird nun rundgegeben und jedes Kind darf noch einmal bewusst diese
Kerze mit ihrer Wärme spüren und das Licht empfangen.

Gemeinsames Gebet zum Abschluss

Ich traue darauf,

dass du, Herr, in deiner Gnade bei mir bist;

Mein Herz freut sich, dass du so gerne hilfst.

Ich will dem Herrn singen,

dass er so wohl an mir tut.

AMEN.

Der Herr behütet dich (Psalm 121)

Tagesbeginn zum Psalm 21

Dieser Psalm eignet sich gut,
den Tag gemeinsam zu beginnen
oder auch zu beenden
Vertrauen innerhalb der Gruppe ist jedoch nötig,
um aussprechen zu können, was bewegt.
Gerade innerhalb der Familie kann diese gemeinsame Psalmeinheit gut tun.

Es tut gut, Sorgen miteinander auszutauschen und teilen zu können,
sie aussprechen zu dürfen, gemeinsam mit anderen anzuschauen
und die Zusage spüren zu können:

Ich bin mit meinen Sorgen nicht alleine,
Gott hat mir Hilfe zugesagt,
ER lässt mich nicht fallen, ER lässt mich nicht allein.
Und wenn die Berge noch so hoch scheinen,
darf ich dennoch wissen:
ER ist hier.

Zu Beginn soll für jeden einzelnen Zeit sein,
um all die Gedanken, die gerade bewegen „kommen zu lassen".
Jeder darf ganz ehrlich zu sich selbst und zu den anderen werden
und von den „Bergen", die ihm gerade im Weg scheinen zu erzählen:
ob das die bevorstehende Prüfung in Mathematik ist,,
das klärende Gespräch mit dem Vorgesetzten,
die Krankheit, die gerade zu schaffen macht... ...

Zeichenhaft wird für all diese Sorgen und Probleme jeweils aus einem grauen
Baumwolltuch ein Berg in die Mitte „gestellt".

Wir stellen fest:

Viele, viele Berge sind unter uns.
genannte und solche, die vielleicht sogar so groß scheinen,
dass sie nicht einmal mehr genannt werden möchten.

Wir beten gemeinsam mit dem Worten aus dem Psalm 121:

**Ich hebe meine Augen auf zu den Bergen.
Woher kommt mir Hilfe?**

Und wir werden sehen,
dass unsere Frage im Psalm nicht unbeantwortet bleibt:

**„Meine Hilfe kommt vom HERRN,
der Himmel und Erde gemacht hat."**

Psalm 121

Es ist doch tröstlich, wenn wir lesen,
wissen und uns gegenseitig zusprechen dürfen:

**„Er wird deinen Fuß nicht gleiten lassen,
und der dich behütet, schläft nicht.
Der HERR behütet dich;
Der HERR ist dein Schatten über deiner rechten Hand,
dass dich des Tages die Sonne nicht steche
noch der Mond des Nachts.
Der HERR behüte dich vor allem Übel,
er behüte deine Seele.
Der HERR behüte deinen Ausgang und Eingang
von nun an bis in Ewigkeit.**

AMEN.

*Dieser Abschnitt des Psalms wird als kleine Karte an alle Teilnehmenden verteilt.
Diese Zusage soll sie" in ihre Berge hinein" begleiten.*

In Gottes Händen geborgen (Psalm 31)

Gebet

In deine Hände befehle ich meinen Geist;

du hast mich erlöst, HERR, du treuer Gott.

Ich freue mich und bin fröhlich über deine Güte,

dass du mein Elend ansiehst und nimmst dich meiner an in Not.

Zur Besinnung

Schön, wenn wir so beten können und wenn wir mit den Worten des Psalms alles an Gott abgeben können, was uns gerade belastet und bedrückt.

Wer kennt diese Erfahrungen nicht!?
- Ich fühle mich schlecht, weil ich Ungutes getan habe – keine Kraft habe ich mehr.
- Viele spotten über mich und machen sich lustig über mich
- Meine Freunde und diejenigen, die mich umgeben, wollen erst mal nichts mehr von mir wissen.
- Ich habe das Gefühl, dass viele über mich lästern.

Gerade in so einer Situation kann es gut tun, wenn ich alles, was mich bedrückt in Gottes Hände legen darf.

Auf der nächsten Seite hast du Raum und Platz, dies zeichenhaft zu tun und alles im Gebet bei Gott abzulegen.

**Meine Kraft ist verfallen durch meine Missetat,
und meine Gebeine sind verschmachtet.**

**Vor all meinen Bedrängern bin ich ein Spott geworden,
eine Last meinen Nachbarn
und ein Schrecken meinen Bekannten.**

Die mich sehen auf der Gasse, fliehen vor mir.

Denn ich höre, wie viele über mich lästern.

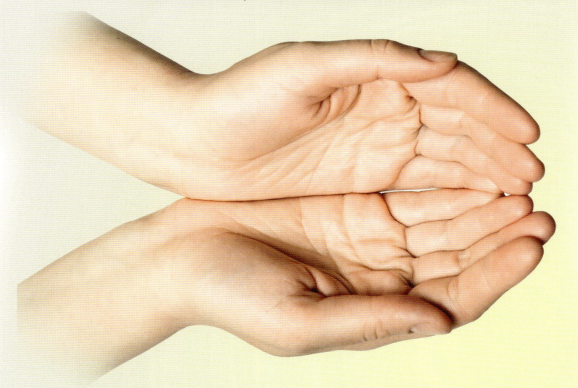

Psalm 31

**Alles will ich in deine Hände legen.
Ich, HERR, hoffe auf dich und spreche: DU bist mein Gott.**

Meine Stärke, mein Fels, meine Burg (Psalm 18)

Rätsel zu Psalm 18

Im Psalm 18 wird von David das Vertrauen auf Gott in vielen Bildern zum Ausdruck gebracht. Im folgenden gibt es ein kleines Rätsel, das du mit Hilfe des Zahlenschlüssels auf der nächsten Seite lösen kannst:

David sprach:

Herzlich lieb habe ich dich, HERR,

meine __ __ __ __ __ __ __ !
       14 17 8 9 18 6 9

HERR, mein __ __ __ __ , meine __ __ __ __ ,
            7 9 10 14   11 13 18 3

mein __ __ __ __ __ __ __ __ ;
      9 18 18 9 17 17 9 18

Mein Gott, mein __ __ __ __ , auf den ich traue,
                 4 12 18 7

mein __ __ __ __ __ __ __ und __ __ __ __
     14 2 4 5 10 1   11 9 18 3

und mein __ __ __ __ __ __ !
         14 2 4 13 17 20

Schlüssel zum Rätsel:

A	=	6 + 2 =	___	O	=	8 + 4 =	___
B	=	4 + 7 =	___	R	=	20 - 2 =	___
C	=	1 + 1 =	___	S	=	15 - 1 =	___
D	=	3 – 2 =	___	T	=	8 + 9 =	___
E	=	4 + 5 =	___	U	=	7 + 6 =	___
F	=	4 + 3 =	___	Z	=	10 + 10 =	___
G	=	6 – 3 =	___				
H	=	6 – 2 =	___				
I	=	2 + 3 =	___				
K	=	10 - 4 =	___				
L	=	5 + 5 =	___				

Psalm 18

**Nun bist du am Ende des Buches angelangt
und wir hoffen, du hast für dich viele Schlüssel
zu unserem liebenden Gott gefunden.
Wir wünschen dir, dass sich die Welt für ein positives
Gottesbild immer wieder von Neuem öffnet und du einen
Zugang zu IHM bekommst, der dich spüren lässt, wie wertvoll
DU bist und wie wertvoll die Beziehung zu IHM ist!**